MEDIAZIONE E SOCIETA'
Vol. II

Sommario

La sede della mediazione
di Alessio Cavazza

Introduzione

Chi scrive, immedesimandosi in un mediatore perfettamente anonimo, nè eccellente nè pessimo, immagina di recarsi presso l'Organismo "Mediare è bello".

Suona il campanello posto nell'androne di un bel palazzo del centro storico di una qualsiasi città italiana, come se ne trovano a centinaia nella nostra splendida nazione; sale le scale e trova una porta socchiusa al, diciamo, primo piano.

Fermiamoci qui.

Quali opzioni possono presentarsi una volta varcata quella soglia? Innumerevoli. Anzitutto potrei trovarmi in uno studio di uno stimato professionista (rigorosamente NON AVVOCATO), il quale ha deciso, essendo mediatore nonchè responsabile dell'organismo, di adibire il proprio luogo di lavoro a sede operativa.

In questo caso si presuppone che la gestione degli spazi e della logistica sia ottimale.

Che fare, al contrario, se mi trovassi in un monolocale di 40 mq. con le seguenti caratteristiche: completamente spoglio, privo di sedute, privo di stampante e pc, privo di scrivania, privo di personale addetto alla segreteria ma suddiviso in 3 comodi vani da sottili pareti di cartongesso, rigorosamente

La sede della mediazione

NON insonorizzati?

Personalmente imboccherei la prima via di uscita che mi si presentasse davanti e segnalerei l'organismo al Ministero di Giustizia come inidoneo all'attività di mediazione.

Ultima ipotesi: apro la porta e mi imbatto in uno splendido studio completamente restaurato con soffitto a botte, dotato di segretarie disponibili e premurose nonchè di vetrate ben disposte per accogliere quanta più luce possibile dall'esterno, divani comodi, sedie distribuite intorno ad una scrivania, due servizi puliti e suddivisi per sesso degli avventori ma, nota dolente, composto di un unico e luminoso vano open space.

Una volta individuate queste casistiche estreme, a chi legge attribuisco il compito di immaginare le infinite variabili possibili e a chi scrive quello di ipotizzare una gestione ottimale degli spazi in una situazione, per così dire, media.

In questo articolo mi prefiggo quindi l'ambizioso traguardo di predisporre, con l'aiuto della mia fervida immaginazione ed esperienza sul campo, una sede di organismo potenzialmente perfetta.

Svesto i panni di mediatore ed indosso quelli di arredatore e capo cantiere, con un budget di spesa medio e la diligenza del buon padre di famiglia. Dimenticavo: ipotizzo anche che il locale in cui esercitare le mediazioni mi sia stato concesso a titolo di affitto, dovendo così rispettare quelle che sono le direttive di un immaginario locatore non troppo esigente.

Da questo ambiente utopico che si verrà, progressivamente, a creare occorrerà individuare, tenendo ben presenti gli spazi di manovra concessi dagli spazi di cui si dispone, consigli ed astrarre opzioni da applicare ai casi dispecie.

Alessio Cavazza

Immaginiamoci, a guisa di un curioso che ficca il naso in un ambiente sconosciuto, di partire dall'ingresso per poi approdare, infine, alla stanza adibita a segreteria (e perciò vietata ai non addetti ai lavori) passando per bagni, stanza della sessione congiunta e stanze di disimpegno per chi deve attendere. L'ordine è essenzialmente dettato dalla disposizione degli ambienti come si presentano nell'organismo in cui prevalentemente lavoro, individuato come ottimale ai fini dell'attività di mediazione e di dimensioni adeguate ma non eccessive. Aggiungo una breve chiosa conclusiva dell'introduzione: l'apertura di una sede di un Organismo di mediazione è bene che sia ponderata e ne vengano valutati pro e contro. La "corsa all'apertura" può rivelarsi controproducente in termini di efficienza. Per ciascuna sede, infatti, andranno calcolate le medesime variabili presenti per la sede c.d. "principale", fatta eccezione per l'archivio e il repsonsabile dell'organismo (che saranno uno e, presumibilmente, posti nella sede c.d. "centrale"). La collezione dei documenti riguardanti le mediazioni e i dati dei mediatori, infatti, è bene che sia presente in toto in un unico luogo. Tale luogo è necessario, altresì, che sia lo stesso in cui il responsabile dell'organismo trascorre la maggior parte del tempo. Conclusione logica di questo discorso è che il rischio d'impresa è tanto più presente, quante più sono le sedi dell'Organismo, soprattutto per gli evidenziati rischi di gestione ed organizzazione. Ma, soprattutto, bisogna prestare particolare attenzione ad un aspetto della vicenda: il Responsabile (il quale, per espressa applicazione della normativa a riguardo, non può distribuire deleghe che riguardino compiti e mansioni

8

ad egli specificamente attribuite) non è ubiquo! In sintesi: a meno che non siate forti di una organizzazione imprenditoriale forte e ben organizzata, limitate la vostra attività su di una singola sede.

Ubicazione

Questo paragrafo non è indispensabile ai fini che mi sono preposto. Resta però il problema, soprattutto nelle città dotate di limitazioni al traffico, di giungere agevolmente alla sede dell'organismo senza dover percorrere tratti di strada eccessivamente lunghi a piedi o con mezzi non idonei. La posizione ottimale sarebbe vicino ad una stazione ferroviaria o autostazione. In mancanza, un parcheggio pubblico nelle vicinanze andrà benissimo. Non dimenticate di fornire indicazioni al riguardo durante il colloquio telefonico: anche questo fa parte della valutazione finale che l'utente/consumatore dovrà fornirvi alla voce "cortesia e disponibilità" della check list di gradimento del servizio. Un'alternativa può essere l'adibire a sede un ufficio o luogo limitrofo all'uscita di un'autostrada o una tangenziale, con ovvie ripercussioni sul lato estetico dell'ubicazione. A voi la scelta.

Ingresso

Nel nostro fantomatico viaggio iniziale, abbiamo speso parecchie parole sul primo approccio al luogo. L'ingresso, infatti, la dice lunga su con chi si abbia a che fare.

In primis ricordiamoci di prendere come sede un ufficio situato ad un piano relativamente basso dell'edificio e, soprattutto, verifichiamo ex ante che vi sia un ascensore. La concomitanza di queste due variabili porta ad una semplice accessibilità sia per chi voglia evitare di fare scale (o non possa!) che per chi, terrorizzato da quanto lo aspetta, voglia sfogarsi e scaricare la tensione salendo gradini senza arrivare sfinito alla meta.

Ancor più importante è che vi sia un'accessibilità facilitata per i diversamente abili. Per esperienza personale posso dire che vi troverete molto facilmente alle prese con soggetti difficilmente deambulanti, anziani o claudicanti.

Per non parlare, nei casi di specie, delle mediazioni aventi ad oggetto responsabilità medica! Sia chiaro che non sto facendo facile ironia: la scelta di una sede:

- facile da trovare
- accessibile
- priva di qualsivoglia barriera architettonica
- dotata di ascensore

è un ottimo biglietto da visita per i vostri clienti.

Giungiamo all'ingresso in sè e per sè: anzitutto è positivo per chi si reca presso di voi trovare un ambiente pulito e profumato: evitiamo di trascurare l'igiene.

Un appendiabiti è quantomai opportuno nella prima stanza che si incontra, nonchè un divanetto confortevole e qualche rivista "scacciapensieri". La presenza, inoltre, di una bottiglia d'acqua e qualche bicchiere in plastica non guasta.

Nota positiva è la presenza di personale addetto alla segreteria che accolga sulla soglia chi si entra. Anzitutto fornisce un'impressione di organizzazione e professionalità non indifferenti, considerando che chi accoglie seguirà i soggetti per tutto l'iter di mediazione accompagnandoli, aiutandoli (se del caso), chiamandoli nelle stanze di volta in volta utilizzate e, soprattutto, fornendo loro un punto di riferimento poichè, molto spesso, il primo impatto telefonico sarà proprio con il/la segretario/a.

Quindi: gentilezza, poche intrusioni, poche domande e molta disponibilità (senza scadere nel servilismo).

Un suggerimento non richiesto a chi risponde al telefono: dite sempre il vostro nome. Rende più famigliare un luogo di per sè poco confortevole e vi evidenzierà come punti di riferimento per le (poche) burocrazie necessarie al procedimento.

Relativamente all'arredamento dell'ingresso: tinteggiature tenui, evitando colori come rosso, nero o blu. Specifico questo in quanto la fantasia dell'essere umano non ha limiti. Una parete color sangue sarà di poco aiuto in sede conciliativa, non credete?

Abbiamo già parlato della presenza appendiabiti, perciò passiamo oltre.

Bagni

Non che ci sia molto da dire a riguardo se non: PULIZIA. È anche molto utile che ve ne siano due, possibilmente uno per uomini ed uno per donne. Apponete la relativa targhetta sulla porta e fate in modo che le porte siano sempre chiuse. Entrare e vedere in anteprima un bidet non è il massimo.

Un piccolo accorgimento di tipo pratico: se poteste scegliere, l'ideale sarebbe che i due servizi fossero agli antipodi l'uno rispetto all'altro, per evitare che i soggetti si incrocino a metà strada. Qualora la logistica dei luoghi non sia clemente, piuttosto che adibire ciascun bagno ad un sesso è consigliabile preferire incontri "spiacevoli".

Dotarli di finestra e posacenere può aiutare a stemperare la tensione per i fumatori. Teniamo però presente che siamo in un ufficio in cui si svolge un servizio datoci in concessione dallo Stato: non rendiamo i nostri locali dei fumoir d'altri tempi!

Stanza della sessione congiunta

Eccoci approdati al primo, vero, punto di forza (se gestito bene) dell'organizzazione aziendale. Andiamo per gradi, ovvero analizziamo passo dopo passo gli elementi dapprima basilari, poi facoltativi ed infine superflui (o quasi) del principale luogo di mediazione che incontriamo in questo viaggio virtuale.

La porta: dev'essere aperta, rigorosamente. Predisporre ciò è una sorta di benvenuto, qualcosa di inspiegabile a livello razionale ma che ad esempio nel caso in cui ci venga detto di andare nella stanza della sessione congiunta, ci permette di individuarla ed entrarci senza troppi sforzi deduttivi.

Prima cosa, fondamentale, è l'insonorizzazione dei locali. Questo attributo deve considerarsi valido anche (e soprattutto) per le stanze in cui si svolgono le sessioni private o si fanno attendere i convenuti. L'importanza di questa qualità è sottolineata dal dovere di riservatezza (interno ed esterno) che la legge impone ai fini di una buona riuscita del procedimento.

La sede della mediazione

L'arredamento deve essere, in questa stanza, curato quasi maniacalmente. Occore far sentire a proprio agio persone che, con buone probabilità, ovunque vorrebbero essere tranne che dove si trovano. Il tavolo dovrebbe essere rettangolare, in modo tale che il mediatore possa posizionarsi sul lato corto e i due soggetti alla sua destra ed alla sua sinistra. I legali a fianco dei rispettivi assistiti ed eventualmente i tirocinanti dalla parte opposta del tavolo. Predisporre anche un divano per eventuali soggetti ulteriori è consigliabile ma non strettamente necassario. Finestre con tende tirate per evitare distrazioni, sedie comode ma non tali da far scemare tanto la tensione da farla divenire rilassatezza e porta (ovviamente) chiusa durante il procedimento. Ecco tutto.

Non dimentichiamo di preparare sul tavolo fogli di carta e penne per appunti. Sarebbe quantomai incoerente predicare l'utilizzo degli appunti in sede di formazione per ometterne completamente l'uso in via pratica. Ricordate di non introdurre alcun oggetto atto a video-audio registrare o rischierete di incorrere in forti censure da parte di assistenti o assistiti. Semplicemente: lasciate i cellulari in segreteria, dando così il buon esempio a chi siede di fianco a voi. È un'idea di chi scrive ma sono convinto possa essere molto utile a creare quel giusto grado di empatia necessario ad affrontare il discorso introduttivo senza sentirsi redarguire o in imbarazzo a causa di una sconveniente vibrazione o, ancor peggio, suoneria telefonica.

Questo per quanto riguarda gli elementi obbligatori. In via del tutto facoltativa può risultare utile l'avere posizionato acqua e bicchieri anche in questa stanza. Tensione e dialogo acceso portano ad un bisogno impellente di sorseggiare un sorso d'acqua di tanto in tanto.

Non mi soffermo sulla posizione del mediatore nè, tantomeno, sulle modalità dialettiche dello stesso. Mi preme, però, aprire una breve parentesi sulla presenza dei tirocinanti: essi sono visti come dei "terzi", persone estranee rispetto alle parti previste normalmente dalle procedure di mediazione.

Bene: rendeteli necessari e nessuno si accorgerà della loro presenza. Fate svolgere loro funzioni di segreteria "interna" e chiedete, previamente, ai soggetti se hanno rimostranze da fare sulla presenza di costoro. Se sì (cosa assai improbabile), giustificate il loro essere lì dicendo che sono altresì addetti alla segreteria o che sono co-mediatori. I rapporti interni saranno poi gestiti tra di voi professionisti e nessuno avrà da ridire su ciò.

Occorre cercare di creare un ambiente quantomai ottimale: troppo caldo o troppo freddo non hanno effetti positivi sull'umore degli esseri umani. Dotatevi di strumenti atti a condizionare il clima senza rendere la vostra sede un bungalow delle Barbados se fuori nevica o un bosco invernale durante i mesi estivi.

Come in tutte le cose, occorre trovare il giusto mezzo.

Stanze di "disimpegno"

Come sappiamo bene, terminata la sessione congiunta si approderà alle difficile sessioni private. Occorrerà, quindi, dividere i due soggetti per interloquire con ciascuno di loro in via più "informale" e libera.

La sede della mediazione

Primo appunto: non disponete la sala in cui l'altro intervenuto deve attendere troppo vicino a quella in cui voi siete con l'uno.

Anzitutto per una questione di tranquillità: il tono di voce potrebbe farsi acceso e udire attribuzioni poco edificanti sul proprio conto (quando non siano vere e proprie offese) da una stanza all'altra è assai spiacevole. Inoltre occorre rispettare la summenzionata riservatezza. Se non per un dovere di tipo deontologico, quantomeno per un fine pratico non è bene scoprire le proprie carte troppo presto. Figuriamoci far sentire a chi non deve cose probabilmente risolutive della mediazione in corso.

In queste stanze predisponete divanetti comodi, riviste, caramelle.

Suggerisco l'uso di un piccolo impianto stereo, non tanto per il piacere di ascolto quanto per:

1)   calmare i soggetti. Evitate di far passare musica metal o rock, quindi.

2)   Coprire eventuali disquisizioni. Fatevi furbi: non avete insonorizzato i locali o avete le stanze di colloquio e attesa vicine? Musica, maestro!

Ora si può pensare di restituire, durante l'attesa, i telefoni ai soggetti. Non è necessario e sconsiglio di suggerirlo apertamente. In caso di richiesta, il gentile personale di segreteria provvederà al da farsi.

Consiglio personale: non chiudete completamente la porta della stanza di attesa. Lasciate accostato. Ciò permetterà a chi è dentro di non sentire quello che viene detto fuori (o comunque non udirà più di quanto non farebbe se la porta fosse chiusa) e a chi di dovere di mantenere la situazione sotto controllo.

Alessio Cavazza

Segreteria

Eccoci arrivati al cuore della sede. Questo è il motore, l'asse portante delle attività svolte nell'organismo.

Mi permetterò di parlare apertamente: non ci saranno soggetti o legali che si insinueranno in questi locali, a meno che non glielo diciate voi stessi.

Parola d'ordine: praticità! Quindi: connessione ad internet; pc, stampante (laser, in bianco e nero. Stampa più copie e più rapidamente), scanner e fotocopiatrice. Scrivania con posto sufficiente a sostenere più faldoni e quanto possa essere utile agli addetti per aiutarvi.

Archivio BEN ORGANIZZATO e catalogato. Con buone probabilità avrete bisogno di reperire materiale e documenti in tempi record: meno tempo impiegate, più risulterete effecienti agli occhi dei soggetti che vi attendono in altre stanze.

Consiglio: predisponete i moduli dei verbali già stampati in appositi astucci. Potrebbe capitare che, all'occorrenza, qualche mezzo tecnologico decida di non funzionare più. Questa situazione mi è recentemente capitata e solamente grazie alla presenza di uno scanner (oltre che della fotocopiatrice "stanca" e, quindi, inutilizzabile) ho potuto ovviare al problema.

L'apposizione di un cartello sulla porta con su scritto "Vietato l'ingresso" o "Privato" eviterà spiacevoli incontri tra segretari/ie di backoffice in tenuta semi sportiva e persone in giacca e cravatta. Non che ci sia qualcosa di negativo ma sul lavoro l'effetto sorpresa non è gradevole.

A volte viene da domandarsi quale sia il numero di addetti alla segreteria ottimale per un organismo di mediazione: dipende, risponderei. Siete in una grande città? Avete moli di lavoro importanti? Svolgete più di una mediazione contemporaneamente? Avete più locali comunicanti o uno unico? Tutte variabili da valutare in loco. Snellezza e celerità devono essere sempre tenute presenti. Il procedimento di mediazione deve far dimenticare a chi varca la vostra soglia le lungaggini e le perdite di tempo tipiche (ahimè!) di un tribunale.

Conclusioni

Come accennato in apertura, questo è un articolo che vuole portare consigli a livello pratico. Non bypassate alcuna disposizione normativa o regolamentare (se presente) a riguardo e non sentitevi criticati o giudicati se non potrete rispettare queste "linee guida" nella gestione del vostro organismo di mediazione o nella vostra sede. Si attribuisce, erroneamente, a Machiavelli la frase "Il fine giustifica i mezzi". Ora potrete applicarla, giustamente, alla vostra attività di responsabili o di mediatori. Non dimentichiamo comunque mai che se la legge impone determinate prescrizioni, lo fa per salvaguardare utenti e fornitori.

Il servizio di mediazione viene dato in concessione ai privati dallo Stato: il Ministero, una volta riscontrate anomalie o vere e proprie illiceità, non si farà troppi problemi a revocarvi la possibilità di operare.

La mediazione obbligatoria: una violazione dei diritti o un'opportunità?

di Marco Banchieri

Il D.Lgs n. 28 del 2010 ha recepito la Direttiva europea volta ad estendere l'applicazione dell'istituto della Mediazione a tutti gli Stati Membri.

Questo istituto, che si pone a metà strada fra i mezzi autonomi di composizione della lite, come ad esempio la transazione, e i mezzi eteronomi, come il processo ordinario, si caratterizza, tra l'altro, per l'obiettivo di trasformare la controversia giuridica in una controversia suscettibile di una valutazione economica e, di conseguenza, compromettibile in base alla volontà delle parti.

Trascendendo, però, dal punto di vista meramente economico, i soggetti coinvolti avranno la possibilità, direttamente proporzionale alla loro effettiva disponibilità al confronto a viso aperto, di conservare od avviare un rapporto futuro tra di loro.

La via mediana tra autonomia ed eteronimia, ovvero la peculiarità e la forza del procedimento di mediazione, corre su due binari:

– da un lato, il potenziale accordo è, certamente, il risultato della libera volontà espressa dalle parti, nel pieno rispetto del principio di autodeterminazione;

– dall'altro, il terreno del confronto è predisposto da un terzo, il mediatore, che sebbene non sia un giudice, e quindi non possa *jus-dicere,* si rende necessario, anche solo in funzione maieutica, ai fini dell'emersione del conflitto e della

Marco Banchieri

sua soluzione, per risolvere la controversia fra le parti.

Nella previsione legislativa, questo istituto dovrebbe portare, da qui a qualche anno, ad una notevole diminuzione del contenzioso giuridico, producendo un corrispondente effetto deflattivo.

Se, poi, ci si sofferma ad analizzare brevemente i dati della giustizia civile italiana ed il difficile momento che, anche in funzione dei suddetti dati, vivono le imprese ed il mondo commerciale nel suo complesso, è facile immaginare che, più che un auspicio, lo sviluppo della mediazione in campo civile sia una assoluta necessità.

Se però, da un lato, tale intervento normativo garantirà una ventata d'aria fresca nelle cancellerie dei Tribunali, sommerse dai fascicoli relativi a cause spesso fondate su elementi pretestuosi piuttosto che sul diritto, dall'altro, questa si pone in diversi punti in modo trasversale rispetto alla vigente procedura civile ordinaria.

Infatti, vuoi per i tempi stretti imposti dall'Europa, vuoi per l'inesperienza del legislatore interno, la norma non è esente da diversi punti oscuri e di complessa interpretazione.

Sin dall'esordio della normativa e dalle prime letture degli articoli che la compongono, si è assistito ai primi vagiti di intolleranza da parte del versante conservatore dell'avvocatura: la gestione della *alternative dispute resolution* non è stata, infatti, riservata esclusivamente ai giuristi, ma ad un ampio spettro di categorie di professionisti.

Il tema di cui ci si vuole occupare in questa sede, però, è quello relativo all'imposizione, prevista dall'art. 5 del D.Lgs 28/2010, del tentativo di mediazione quale canale vincolato

La mediazione obbligatoria: una violazione dei diritti o un'opportunità?

prima di poter agire in giudizio, qualora sorgesse una controversia relativa ad una delle materie ivi individuate, ovvero:
1) Diritti reali;
2) Divisione;
3) Successioni;
4) Patti di famiglia;
5) Locazione;
6) Comodato;
7) Responsabilità medica;
8) Diffamazione a mezzo stampa;
9) Condominio;
10) Responsabilità civile derivante dalla circolazione di veicoli e natanti.

Proprio mentre chi scrive è intento ad introdurre tale argomento, il succitato articolo completa la sua entrata in vigore dilazionata, in quanto è scaduto il termine dilatorio, concesso alla materia condominiale ed alla R.C.

Anche la Corte Costituzionale e la Corte di Giustizia Europea sono state investite dalle questioni sollevate da diverse autorità giudicanti, relativamente ai dubbi sulla legittimità costituzionale e sulla conformità ai diritti fondamentali dell'uomo della mediazione obbligatoria.

In attesa di leggere la pronuncia dei quindici Giudici che, per la complessità delle domande poste, tarda ad arrivare, cerchiamo di analizzare gli aspetti problematici ed i punti di forza dell'istituto.

Marco Banchieri

LE RAGIONI DELLA SCELTA NORMATIVA

Vista e considerata la natura delle materie che sono state sottoposte al vincolo di mediazione, è facile notare che si tratti di questioni nelle quali l'elemento del conflitto è patologico.

Ognuno di noi, infatti, si è trovato almeno una volta a discutere in uno di questi ambiti.

Si comprende, dunque, che lo scopo della norma, oggetto della presente analisi, sia quello di incentivare i contendenti a deporre l'ascia di guerra sedendosi attorno ad un tavolo per comprendere le pretese reciproche, allargando il campo degli interessi al fine di trovare un accordo vantaggioso per tutti; non da ultimo, com'è noto, il progetto mira anche a sgravare i Tribunali da un'innumerevole quantità di cause risolvibili grazie ad un confronto tra le parti in sede stragiudiziale.

Facendo mente locale, nemmeno con troppo sforzo, ci si rende conto che nel nostro Paese vi è un certa propensione al litigio, il più delle volte fondato su questioni di principio.

Partendo da questo presupposto, chi legge si accorgerà che, se il tentativo di composizione stragiudiziale della lite non fosse imposto "dall'alto", gli organismi di mediazione rimarrebbero perlopiù luoghi deserti.

Il legislatore, al fine di incentivare ulteriormente l'utilizzo dello strumento conciliativo, ha adottato anche altre misure, oltre a quella in esame.

Il comma 5 dell'articolo 8 del decreto legislativo, ad esempio, introduce una sanzione processuale, prevedendo che la mancata partecipazione al tentativo di conciliazione non giustificata possa essere valutata dal giudice, nel successivo eventuale

22

giudizio, per trarne argomenti di prova ai sensi dell'articolo 116 del codice di procedura civile.

L'incentivo più allettante, però, è dato dai diversi benefici fiscali individuati dagli artt. 17 e 20 del decreto:

– alle parti che corrispondono l'indennità di mediazione presso gli organismi è riconosciuto, in caso di successo della mediazione, un credito d'imposta fino a concorrenza di € 500,00 e, in caso di insuccesso della mediazione, € 250,00;

– il verbale di accordo, inoltre, è esente dall'imposta di registro sino alla concorrenza del valore di € 50.000,00.

Per tornare al nostro tema principale, secondo l'Organismo Unitario dell'Avvocatura, però, l'obbligatorietà della mediazione potrebbe rivelarsi incompatibile con il dettato costituzionale previsto dall'articolo 24, che assicura la tutela dei diritti attraverso l'azione giudiziale. La Corte Costituzionale dovrà chiarire se effettivamente il tentativo obbligatorio della mediazione sia di ostacolo o renda particolarmente difficoltosa l'attivazione del processo civile.

A parere di chi scrive, la partecipazione al procedimento resta, comunque, spontanea e consensuale. Infatti il soggetto rimane libero di non parteciparvi e, anche in questo caso il giudice potrà desumere argomenti di prova nel successivo giudizio; non di meno, qualora uno dei soggetti coinvolti ritenga di non avere più elementi per portare avanti un confronto costruttivo, questi è libero di interrompere il procedimento in qualsiasi momento.

Il carattere volontaristico permane anche nella mediazione obbligatoria e si manifesta nella partecipazione consensuale dei soggetti al procedimento e nella responsabilità di ricercare un accordo soddisfacente ed equilibrato: in mancanza di un clima di collaborazione e, quindi, di un accordo si potrà procedere seguendo la via giudiziale.

L'obbligatorietà attiene alla genesi del procedimento, ma il suo proseguimento dipende dalla capacità delle parti di collaborare e di determinare in modo autonomo la soluzione di una controversia.

Il tentativo di mediazione non preclude, pertanto, l'accesso alla giustizia ordinaria.

Nonostante le polemiche appena esposte, il Parlamento Europeo, con Risoluzione del 13 settembre 2011, si è espresso positivamente riguardo alla previsione di obbligatorietà dell'art. 5.

Nella pratica, inoltre, i Giudici sembrano non avere grossi problemi a risolvere le questioni preliminari di rito, qualora la condizione di procedibilità non venisse rispettata: nella maggior parte dei casi, se alla prima udienza il giudice (o una parte) rilevasse il mancato esperimento del tentativo di conciliazione, sarebbe sufficiente un rinvio oltre i quattro mesi, affinché le parti abbiano il tempo per tentare di trovare un accordo davanti ad un organismo riconosciuto.

Anche qualora il tentativo di mediazione non sia volontario, ma obbligatorio o demandato dal Giudice, l'istituto della mediazione potrà rivelarsi un validissimo strumento per dirimere le controversie, sia in considerazione dei tempi rapidi e dell'affrontabilità della spesa: una spesa che, alla luce dell'opportunità di creare nuovi e solidi rapporti civili e commerciali, ha più l'aspetto di un investimento.

La mediazione obbligatoria: una violazione dei diritti o un'opportunità?

L'INTERPRETAZIONE DELLA NORMA

Sussistono, tuttavia, alcuni problemi interpretativi a monte, relativi alla precisa individuazione dei casi in cui la mediazione diviene effettivamente *conditio sine qua non* per l'attivazione di un giudizio.

L'articolo 5 del decreto legislativo che qui ci occupa, infatti, come già evidenziato è caratterizzato da una formulazione ampia e, pertanto, ambigua.

In generale, si tenga presente che le disposizioni che prevedono condizioni di procedibilità, costituendo deroga all'esercizio del diritto di agire in giudizio garantito dall'art. 24 Cost., non possono essere interpretate in senso estensivo.

Quando si legge, nel citato articolo *"controversie in materia di ..."*, sorge il problema di comprendere se una fattispecie concreta possa rientrare nella previsione astratta della norma.

Il parametro base è dato dalla disciplina che regola la controversia, dunque dall'oggetto della richiesta di tutela e non, invece, dalla qualità dei soggetti in lite.

Si propende, dunque, per il criterio interpretativo oggettivo, e non per quello soggettivo.

Se, ad esempio, due soggetti sono tra loro in lite per un inadempimento contrattuale o per una causa di risarcimento danni, nel caso i medesimi siano condomini, non troverà applicazione la disciplina della mediazione obbligatoria. Se, invece, i medesimi soggetti sono in lite, ad esempio, per la definizione delle tabelle millesimali, la relativa controversia avrà natura condominiale e, dunque, trovando applicazione la disciplina del condominio, risulterà assoggettata all'art. 5, primo comma d.lgs. n. 28 del 2010.

Per ognuna delle materie individuate dal decreto, ci si possono porre i medesimi dubbi.

Giurisprudenza di merito e Cassazione, dal canto loro, stanno appianando di volta in volta i motivi di imbarazzo in capo ai procuratori, intenti ad evitare di ricadere nei vizi di improcedibilità delle domande giudiziali.

Tuttavia, esistono situazioni in cui nemmeno i Giudici garantiscono una convinzione unitaria.

Questo è il caso dell'usucapione: tale modo di acquisto della proprietà, a titolo originario, è strettamente connesso alla materia dei diritti reali.

Il Tribunale di Varese, però, il 20 dicembre 2011 ha negato che per l'accertamento dell'usucapione di un bene immobile sia obbligatorio il tentativo di conciliazione: la motivazione ha rimarcato che un verbale d'accordo non è titolo idoneo ai fini della trascrizione e, pertanto, le parti sarebbero comunque tenute ad ottenere una sentenza dichiarativa sull'acquisto della proprietà.

Verrebbe, in tal caso, a mancare quell'effetto deflativo alla base del procedimento di mediazione, rendendolo inutile e illegittimamente d'ostacolo per la tutela di un diritto.

Solo dieci giorni dopo, il Tribunale di Palermo ha, invece, sancito la piena trascrivibilità del verbale di conciliazione, facendo quindi rientrare l'usucapione nella materia "diritti reali".

Ciò detto, è evidente che il mero criterio oggettivo debba essere integrato, allo scopo di comprendere se la lite in questione rientri o meno nell'alveo applicativo della disciplina della mediazione obbligatoria.

Bisogna fare riferimento, anzitutto, alla domanda proposta dalle parti, ovvero all'oggetto della loro pretesa e, in particolare, al piano sostanziale della medesima. In merito all'oggetto della domanda, poi, occorre fare riferimento al concetto di *petitum* e, in particolare, a quello di *petitum sostanziale*, inteso, appunto, come il bene o il diritto che la parte vuole ottenere.

Tale linea di massima, sarà utile a destreggiarsi nei nebulosi confini tra procedimento di mediazione e procedimento ordinario, in attesa dei dovuti correttivi, su indicazione della Corte   Costituzionale.

Marco Banchieri

La mediazione in ambito sanitario: una "necessaria possibilità"

di Francesca Deias

Nel corso degli ultimi anni l'aumento esponenziale, e finora incontrovertibile, della cause 'sanitarie' iscritte a ruolo nei Tribunali civili appare riconducibile non solo ad una maggiore consapevolezza del cittadino nel far valere giudizialmente i propri diritti, ma ad un reale aumento della conflittualità in ambito sanitario.

Secondo i recenti dati trasmessi dalla Commissione parlamentare Sanità si registra, infatti, un costante aumento del contenzioso sanitario contro strutture e singoli medici cresciuto del 134% negli ultimi 15 anni, con un parallelo incremento del fenomeno conosciuto come "medicina difensiva". Dalle statistiche elaborate risulta come, per il timore di un contenzioso legale, quasi il 70% dei medici proponga un ricovero non del tutto necessario, il 60% sia orientato a prescrivere più esami diagnostici, ed il 30% dichiari di aver escluso pazienti a rischio da alcuni trattamenti.

Sicuramente a incidere in questo senso ha notevolmente contribuito lo stesso mutamento degli indirizzi giurisprudenziali, non più favorevoli, come un tempo, al medico professionista e volti ad ampliare sia la tipologia degli interessi lesi che dei danni risarcibili (si pensi solo all'ulteriore frammentazione delle situazioni riconducibili al danno non patrimoniale, il riconoscimento ai conviventi, o il danno da perdita di *chances* di sopravvivenza).

L'art. 24 della nostra Costituzione, nel momento in cui prevede espressamente la possibilità per tutti di agire in giudizio a tutela dei propri diritti ed interessi, merita di essere letto sotto una luce nuova.

Non può essere trascurato, infatti, che in un ambito quale quello sanitario, in cui la particolare delicatezza e complessità degli interventi sono per loro stessa natura soggetti a errori, e quindi a conflitti, la giurisdizione spesso si rivela la sede non più appropriata di reale risoluzione di una controversia.

Sotto questa luce, un'attenta lettura dell'art. 24 dovrebbe condurre ad un uso più consapevole e maturo dello strumento processuale, da concepire, all'interno di un sistema pluralista di tutela dei diritti, solo come uno dei possibili strumenti risolutivi del conflitto.

Come ormai ampiamente riconosciuto e confermato dall'esperienza internazionale, esistono approcci alternativi alla giurisdizione, da valutarsi non solo in una logica puramente deflattiva del sistema giudiziario, ma come strumenti di grande potenzialità per fornire una risposta più adeguata alla specificità di un conflitto.

Sicuramente l'auspicata formalizzazione normativa della mediazione civile e commerciale, confluita nel d.lgs. n. 28/2010, ha favorito una più rapida circolazione dello strumento conciliativo nei vari contesti applicativi.

Gli stessi avvocati, quindi, per la prima volta sono stati istituzionalmente investiti della possibilità di operare secondo un nuovo paradigma 'orizzontale' di gestione del conflitto,

La mediazione in ambito sanitario: una "necessaria possibilità"

basato, a differenza di quello processuale, non più sull'avversarialità delle parti e sulla doppia delega di queste al giudice e all'avvocato, ma sulla ristrutturazione della relazione in conflitto.

In realtà, un'apertura legislativa di questo tipo, che può rivelarsi una grande risorsa professionale per la stessa classe forense, si è scontrata da subito con una radicata diffidenza degli stessi professionisti della legge verso l'utilizzo delle procedure consensuali. A contribuire in questo senso è stato, oltre alla poca familiarità con questi metodi e quindi alla scarsa consapevolezza della loro utilità, la formazione avversariale dei professionisti legali, la prima a scontrarsi con l'adozione di un atteggiamento conciliativo, unita anche al timore che la diffusione dei metodi alternativi al giudizio comporti una riduzione del contenzioso e quindi del lavoro considerato di esclusiva competenza 'forense'.

Purtroppo, però, le aule di Tribunale difficilmente riescono ad accogliere e gestire efficacemente un conflitto nella sua complessità, nella sua interezza.

In un processo, di fatto, vengono selezionati solo quegli aspetti di un conflitto riconducibili a categorie giuridiche esistenti, e non invece quelli attinenti alla percezione del conflitto (problemi comunicativi, diffidenze, aspettative mancate) difficili da leggere all'interno dello schema processuale ordinario.

Il ricorso allo strumento della mediazione, superando innanzitutto la doppia delega (all'avvocato e al giudice) tipica del processo, restituisce alle parti, assieme al ruolo di primi e imprescindibili protagonisti del conflitto, il potere di risolverne i diversi aspetti in maniera più adeguata e specifica di quanto possa fare una sentenza emanata da un terzo giudicante.

Se rispetto ad un processo ordinario, la mediazione offre il vantaggio di comprimere notevolmente tempi e costi sopportati dalle parti, elemento realmente scriminante della stessa, soprattutto in un settore delicato come quello della tutela della salute, è indubbiamente rappresentato dall'opportunità di favorire un contatto visivo ed un confronto emotivo fra i soggetti coinvolti.

E' noto, tuttavia, soprattutto agli operatori sanitari, come negli ultimi anni sia l'elevato progresso tecnologico ed informatico, sia la sproporzione fra le richieste di assistenza e il deficit di risorse umane e finanziarie del settore, abbiano contribuito sensibilmente ad accrescere il divario relazionale e comunicativo fra medico e paziente.

Non può essere trascurato, d'altronde, come nell'ambito sanitario, caratterizzato più di altri da forti asimmetrie informative (non solo fra medici e pazienti ma anche fra gli operatori sanitari – medici, infermieri e altri - e all'interno del medesimo gruppo -medici di base e medici specialisti-) solo alcuni conflitti vengano originati da errori concreti ed effettivi danneggiamenti nell'erogazione delle prestazioni.

Numerose ricerche sulla genesi dell'aumento del contenzioso in sanità hanno rilevato come le maggiori cause, o concause, dei procedimenti per danni alla salute siano da ricondurre alla mancata condivisione del percorso clinico, ovvero alla distorsione cognitiva nella rappresentazioni che i diversi soggetti coinvolti, spesso estremamente distanti per *forma mentis* e sistemi di valutazione, maturano dell'accaduto (percezioni parziali/errate, malintesi, aspettative mancate, diffidenze, comunicazioni inefficaci).

La rigidità strutturale del processo giudiziario contribuisce a fare in modo che tali distorsioni si cristallizzino nella rigida difesa di posizioni contrapposte, che invece andrebbero, al contrario, destrutturate ai "minimi" elementi: bisogni, interessi, aspettative sottese al rigido antagonismo processuale.

Il contenzioso sanitario, invece, sempre più di frequente, viene gestito esclusivamente in funzione degli elementi oggettivi del conflitto, ovvero l'inadempimento e il danno lamentato, attraverso la richiesta al giudice di un risarcimento monetario.

Il susseguirsi di atti e memorie, di perizie di parte e d'ufficio, di testimonianze e prove documentali fornite, consentirà di delineare una verità processuale molto spesso limitata rispetto a quella reale, perché priva della considerazione degli aspetti soggettivi alla base del conflitto.

E' frequente, infatti, che il paziente viva con frustrazione non solo una sentenza a lui sfavorevole, per il senso di disconoscimento clinico e giuridico percepito, ma anche una pronuncia favorevole, per la mancanza di un'adeguata considerazione del proprio vissuto clinico durante il processo.

Un ulteriore importante vantaggio offerto dalla mediazione è rappresentato dall'assoluta riservatezza del procedimento a tutela di tutte le parti coinvolte.

Uno degli aspetti più difficoltosi da affrontare per i sanitari coinvolti in casi di responsabilità medica è, infatti, rappresentato dalla diffusione di notizie, inevitabilmente legata ad un'azione processuale, sulla propria inaffidabilità professionale.

La mediazione per sua natura garantisce invece, a tutte le parti coinvolte, assoluta riservatezza su ogni dichiarazione o informazione resa e acquisita.

In questo senso, anche il medico o la struttura sanitaria coinvolta hanno in mediazione l'opportunità di gestire la controversia civile insorta attraverso la chiara e diretta comunicazione con il paziente, evitando la divulgazione di notizie spesso vissute come imbarazzanti e professionalmente pericolose.

La casistica delle mediazioni sanitarie trattate dall'entrata in vigore dell'obbligatorietà della riforma sulla mediazione civile anche a fronte di casi di responsabilità medica, rivela che le parti, ove presenti al procedimento, raggiungono accordi non solo in tempi notevolmente ridotti (due - tre incontri in media) ma con importi risarcitori di molto inferiori rispetto alla iniziale pretesa avanzata.

Questo perché, nel corso del procedimento, dal confronto diretto e libero (anche perché riservato) tra le parti, spesso assistite da esperti del settore, emerge come valutazioni di danno, inizialmente sostenute, finiscano per rivelarsi errate o accompagnate da concause non imputabili al sanitario e/o alla struttura coinvolta.

A questo proposito, una delle questioni più dibattute attiene alla provenienza professionale del mediatore designato dall'Organismo a fronte di una mediazione sanitaria.

Secondo alcuni, solo un medico esperto nella specifica materia oggetto di controversia potrebbe garantire alle parti coinvolte un'adeguata e competente valutazione degli aspetti clinici coinvolti, delle eventuali conseguenze dannose prodotte, della sussistenza di un nesso causale e quindi di una responsabilità addebitabile al professionista o alla struttura.

A parere di chi scrive, l'attribuzione di una mediazione sanitaria ad un medico potrebbe invece determinare nelle parti una percezione di imparzialità, determinata dalla maggiore condivisione da parte del mediatore degli interessi e delle ragioni della categoria medica, con un conseguente esito negativo del tentativo di mediazione.

Per ovviare a tale rischio, considerata la necessità di esplorare e valutare in modo adeguato aspetti e criteri specifici della vicenda clinica, il paziente dovrebbe comunque essere invitato a partecipare al procedimento di mediazione con l'assistenza di un medico esperto nella disciplina oggetto di conflitto, a garanzia di un confronto specifico con la "controparte" medica su tutti gli elementi clinici coinvolti e sulla più opportuna valutazione e quantificazione del danno riconosciuto.

In ogni caso, se fino a questo momento si è registrata una particolare resistenza delle aziende sanitarie ad accettare il procedimento di mediazione, come se la partecipazione implicasse in qualche modo un'ammissione di responsabilità, nel caso in cui le stesse abbiano preso parte al procedimento, molto spesso la rigida chiusura iniziale è stata abbandonata a favore di un confronto aperto sulle diverse prospettive cliniche, col raggiungimento di un accordo non destinato a rappresentare necessariamente un compromesso al ribasso per le parti.

Grazie al processo di chiarimento dell'evento, arricchito dal punto di vista clinico, in alcuni casi è emerso come il danno, sfrondato dai risentimenti e dai desideri di rivalsa, fosse definibile nella sua reale entità, e stimabile concordemente proprio grazie al supporto di professionisti esperti; in altri, è stato accertato come il danno, prescindendo dalla correttezza tecnica dell'intervento del medico coinvolto, fosse addebitabile ad altre differenti cause, o fosse individuabile, comunque, una modalità di rimozione dello stesso con un successivo concordato intervento.

Anche nel caso in cui il confronto fra le parti non abbia condotto al raggiungimento di un accordo, il lavoro svolto spesso ha consentito alle stesse di definire in maniera più mirata gli elementi e l'entità della richiesta risarcitoria da avanzare in un successivo giudizio.

In quest'ottica, quindi, l'introduzione della mediazione a fronte di casi di responsabilità medica non è da intendersi quale via per sottrarre la classe medica all'indagine, chiaramente dovuta, delle eventuali responsabilità coinvolte, ma quale "imprescindibile opportunità" di incontro diretto non solo tra singolo medico e paziente, ma anche fra strutture complesse, quali quelle sanitarie e assicurative, con una conseguente attività di gestione della controversia più strutturata e quindi più efficace, ed un risparmio di energie economiche ed emotive per i singoli soggetti direttamente coinvolti nel conflitto.

La sessione congiunta finale
di Carmen Dal Monte

Durante un corso per acquisire il titolo di Mediatore si presta, solitamente, grande attenzione anzitutto alla parte relativa alla normativa di riferimento, per poi trattare il primo, basilare, incontro con i soggetti coinvolti.

Tutto è rivolto a creare un clima disteso, con il preciso obiettivo di mettere entrambe le parti nella migliore condizione possibile

Si presta un'attenzione a volte eccessiva ai risvolti psicologici, alla posizione che il mediatore deve tenere (quasi fosse una statua di gesso) e alle domande che deve porre.

Si passa, poi, alle fasi private. Anch'esse studiate ed esposte con grande attenzione, quasi fossero queste il vero momento di estrinsecazione dell'autorità e della capacità del mediatore incaricato.

Solitamente (eccetto rari casi) la fase congiunta finale viene vista come uno spauracchio. Qualcosa da cui è bene tenersi lontano con rispettosa reverenza e da relegare ad una ipotetica riuscita della mediazione.

Ma cosa è, questa sessione congiunta finale, se non il

momento in cui le parti possono, fattualmente, toccare con mano a cosa ha portato questo incontro in ambienti a loro estranei, e tanto più estranei ai loro (quasi sempre presenti) assistenti?

Non dobbiamo intendere il procedimento come qualcosa talmente pieno di ostacoli e irto di insidie da non risultare possibile il suo svolgimento fisiologico, fino ad approdare, cioè, alla fase congiunta finale.

Premesso che è competenza di ogni singolo organismo predisporre procedure *ad hoc*, sarà bene partire con la descrizione delle premesse che portano a incontrare i soggetti nella stanza adibita alla stesura del documento che conclude il procedimento.

In primo luogo è compito del mediatore decidere in via preliminare se sia meglio, con la valutazione caso per caso, far rimanere al posto in cui si trova il soggetto che per ultimo ha avuto un incontro, per poi recarsi di persona o tramite soggetti a ciò preposti a richiamare il secondo intervenuto.

I criteri su cui occorrerà basarsi sono, in *primis*, il grado di litigiosità percepito. Se ci si trova di fronte a soggetti con scarsa tendenza alla lite ed un'ampia propensione al dialogo, nulla osterà a che il mediatore chiami il soggetto non presente senza soluzione di continuità con l'ultima sessione privata.

Diversamente, qualora la litigiosità sia alta, il caso presenti particolare difficoltà oppure siano accadute vicende che abbiano reso necessario un confronto con il responsabile dell'Organismo, sarà opportuno far accomodare entrambi i soggetti in due stanze separate prima di richiamarli innanzi a voi.

La sessione congiunta finale

Così facendo, il luogo di incontro della seduta finale sarà realmente neutrale e il mediatore, inoltre, avrà il tempo di schiarirsi le idee e prepararsi ad affrontare il difficile confronto con i soggetti, ora reduci da qualche ora di indagini a loro avviso pseudo-inquisitorie.

Una volta scelta la strategia più adatta alla situazione, si ripresenterà la medesima situazione delle fase congiunta iniziale. In realtà, ben diverse saranno le propensioni al dialogo di intervenuti e difensori rispetto al momento delle presentazioni iniziali.

Il mediatore non è più, ora, un perfetto sconosciuto bensì qualcuno che, potenzialmente, potrebbe portare a una equa soluzione una diatriba durata anche parecchio tempo.

Chi scrive trova utile consigliare al mediatore di predisporre (o fare predisporre da chi adibito a ciò) i verbali prima di recarsi all'incontro con i soggetti: l'impressione, in caso contrario, è quella di non essere preparati ad ogni evenienza. Nella mediazione, ricordiamolo, più che in un procedimento giurisdizionale ordinario le variabili sono pressoché infinite.

Una piccola perla di vita pratica: potrebbe accadere (e qualora succedesse cogliete la palla al balzo) che i legali vi chiedano di poter conferire tra loro senza la presenza degli assistiti.

Questa decisione va accolta in senso positivo: la assoluta mancanza di conflittualità tra tecnici del diritto potrebbe portare a conciliazioni più semplici e vantaggiose per tutti. Giova fare presente che, nonostante la mediazione possa essere compiuta da individui completamente digiuni di nozioni giuridiche, interessi e alternative sono valutabili anche da chi ha ricevuto preciso mandato a difendere chi vi trovate davanti.

Carmen Dal Monte

Una volta fatti accomodare partecipanti ed eventuali tirocinanti (fin qui non menzionati per semplificare la trattazione) nelle medesime posizioni assunte in precedenza, si rivela subito utile sfruttare le informazioni che i soggetti hanno deciso, nella fase precedente, che fosse opportuno far conoscere.

Questo permette al mediatore di stemperare la tensione che inevitabilmente si è creata in seguito a un lasso di tempo in cui, nell'immaginazione degli intervenuti, voi avreste potuto attribuire torti o ragioni grazie alla segretezza delle sessioni singole.

Il dialogo si riaprirà trattando punti che i soggetti, da loro impulso, rilevano essere cruciali al fine di sottoscrivere un accordo. Ricordo, infatti, che quanto fin qui scritto è prodromico alla stesura di un accordo negoziato e non di una proposta da parte del mediatore.

Astenetevi dal fare commenti di sorta: ci penseranno i legali, se del caso, a intervenire. Qualora invece vi troviate in un colloquio a tre mantenete le redini della situazione provvedendo a stemperare gli animi se troppo accesi; non andate però ad incidere sul tenore sostanziale di quanto affermato. Non avrete, infatti, bisogno di effettuare parafrasi se tutto andrà bene e i soggetti si convinceranno della buona riuscita della sessione.

Si diceva: vengono trattati punti nodali per le parti. Non mancate di prendere appunti, questa volta finalizzati però a portare a termine argomenti in precedenza introdotti o svolti in parte. Non aprite, a meno che non lo riteniate di fondamentale utilità, nuovi ambiti di discussione o dovrete ricorrere ad una antipatica nuova seduta in un giorno distaccato (o potrete ritrovarvi a cenare in compagnia di due nuovi nemici/amici).

Ciò porta ad inevitabili spese aggiuntive per l'organismo, impiego ulteriore di tempo per i soggetti e per voi e, soprattutto, il rischio di dover fare il "riassunto delle puntate precedenti".

Si è finalmente giunti al punto in cui dovrete intervenire: nel caso in cui alcune situazioni discusse nelle sessioni private (e per cui avete avuto espressa dichiarazione delle parti a che fossero rese note) siano state tralasciate, provvedete con fermezza a farlo presente. Ovviamente, a meno che non abbiate avuto delega specifica ad esporle voi stessi, dovrete far intendere con allusioni e riferimenti a cosa vi state riferendo, senza rivelare cose che potrebbero poi rivelarsi controproducenti alla vostra attività.

Una volta che tutto quanto emerso nelle sessioni (sia ciò utile o meno all'accordo, non deve interessarvi) è stato messo sul piatto dei convitati, si apre l'ultima, grande sotto-fase del procedimento.

Fate molta attenzione: un errore qui potrebbe costarvi molto caro. Con buone probabilità avrete fior di avvocati pronti a evidenziare ogni vostra mancanza agli assistiti, inducendo chi si trova innanzi a voi a a meditare se forse non fosse stato meglio recarsi in giudizio direttamente o adire un giudice ordinario il giorno seguente.

La domanda, a questo punto, potrebbe essere:

" Lei, signor ….., ha proposte di accordo da presentare al signor....?"

Oppure:

" Giunti a questo punto, sarà bene avanzare proposte concrete per giungere alla conclusione del procedimento. Vuole proporre qualcosa, signor...?"

Le opzioni negoziali vanno considerate per il valore particolare che hanno per ciascun soggetto: una vostra valutazione *super partes* ha ben poca importanza in questa sede.

Provate ad immaginare un orologio di scarso valore economico ma di enorme valenza emotiva: l'oggettività conta ben poco.

Oggettività e soggettività dovranno compenetrarsi e fondersi per dare atto ad un unica valutazione da parte vostra, che dovrà perciò comprendere gli interessi di entrambi i convenuti, comprendendo in essa anche le sfumature emotive e psicologiche legate alla materia esaminata.

Una volta compiuta questa difficile operazione esegetica potrete dirvi pronti a dire la vostra sull'argomento.

Il consiglio è, in sintesi, di lasciare parlare le parti quanto più possibile in autonomia al fine di non falsare le loro valutazioni soggettive sul caso di specie.

In via oggettiva penserete voi a stemperare gli animi successivamente.

Non abbiate fretta di chiudere la mediazione: incalzare chi vi sta davanti guardando spesso l'orologio o cercando di chiudere i ragionamenti anticipando le conclusioni che voi, forti delle sessioni private, già conoscete potrebbe sì portare ad un risparmio di tempo, ma anche ad un nulla di fatto. Il processo di maturazione mentale che porta qualcuno a rinunciare a qualcosa in favore di un altro individuo è, a volte, più lento del previsto. Dieci minuti di ragionamenti fatti ad alta voce dalla parte possono portare ad un accordo. Una parola detta da voi e dettata dalla fretta di siglare il verbale conseguente all'accordo potrebbe ritardare i tempi o rendere, addirittura, vana la fatica di tutta la giornata.

È bene, quando sarà il momento opportuno, che vi lasciate alle spalle ogni remora e poniate una domanda rigorosamente aperta che possa presentare una nuova prospettiva del conflitto. Essa andrà basata sugli interessi di TUTTI i soggetti da VOI percepiti, e che possa di fatto generare nuove idee o ampliare gli spazi di manovra per eventuali concessioni.

I soggetti sono convinti e vogliono accordarsi? Benissimo. Prendete le redini del procedimento e indirizzate le parti ad afferrare carta e penna al fine di stendere una massima di accordo contenente tutti gli estremi sviscerati in questa sede.

Sarà certamente bene fare prima una piccola chiosa conclusiva, facendo notare che l'accordo è volontà delle parti stesse e voi, in qualità di mediatori, non sottoscriverete nulla che possa rendervi vincolati a testimoniare eventuali volontà discordanti una volta usciti da quella stanza.

L'attenzione alta, che prima era la vostra prerogativa, deve essere presente ora nei soggetti. Loro stessi, infatti, saranno gli unici a sottoscrivere l'accordo. Nemmeno i loro legali avranno nulla a che fare con il tenore sostanziale o letterale di quanto inserito nel documento prodotto.

Resta inteso che voi, in qualità di mediatore, potrete fornire suggerimenti di tipo strettamente tecnico, soprattutto se i soggetti sono intervenuti senza assistenza.

Sarà, anzi, auspicabile una vostra attività di supervisione

soprattutto nel caso in cui vi rendiate conto di una evidente disparità culturale dei soggetti. Disparità di questo tipo possono essere individuati tramite numerosi indicatori: specifiche competenze tecniche di uno dei soggetti, età, professione svolta, propensione alla tensione, interessi in gioco, provenienza etnica, e altri. In caso lo riteniate strettamente necessario, potrete rinviare a data immediatamente successiva la stesura dell'accordo stesso, consigliando ad entrambi di ripresentarsi accompagnati da un esperto in materia o un legale. Siate però ben consci del rischio insito in questo tipo di proposta, perché potreste trovarvi davanti ad un radicale cambiamento di idea e quindi ad un nulla di fatto.

Non dimentichiamo, d'altra parte, che stiamo ricoprendo la posizione di mediatore nel procedimento in questione per un motivo ben preciso: abbiamo le competenze, dichiarate e vagliate dal responsabile dell'organismo, adatte a svolgere anche questo tipo di attività di aiuto alla recensione. Il mediatore può, infatti, modificare il proprio status e rendersi un "saggio di corte". Egli può, previa conferma, adattare periodi e rendere le frasi più corrette. Può utilizzare termini tecnici sconosciuti alle parti, una volta rese edotte del loro significato e ottenuto esplicito consenso ad utilizzarli.

Ricordate sempre l'esistenza del principio di autodeterminazione: è un cardine della vostra attività che può risultarvi molto utile in questa sede conclusiva. La consapevolezza della decisione non deve essere vostra, bensì di chi la sottoscrive. E con ciò s'intende che non devono esservi manipolazioni di alcun tipo. Fermezza, perciò: adducete motivazioni esaustive se richiesto e intervenite nei casi in cui

La sessione congiunta finale

rinveniate palesi abusi da parte di qualcuno.

Le conseguenze della sigla dell'accordo devono essere ben chiare a tutti i partecipanti: una volta sottoscritto e fatto seguire da verbale siglato dal mediatore, esso può essere reso titolo esecutivo da quella delle parti che ne abbia più interesse, semplicemente portandolo innanzi al presidente del tribunale competente e rendendolo, quindi, equiparato ad una sentenza definitiva.

Questo se i soggetti giungono ad un accordo.

Ma se ciò non avvenisse? Quali sorti potrebbe avere il vostro lavoro? Svariate.

Mi limiterò a descrivere la seconda ipotesi "fisiologica" e non "patologica": la stesura di una proposta da parte del mediatore. Tralascerò, in pratica, le ipotesi dell'intervento di un giudice ordinario, dell'abbandono di ogni pretesa, del prolungamento (nei limiti dei 4 mesi imposti per legge) del procedimento in nuove, ulteriori sedute e così via.

Si diceva che il mediatore può essere soggetto alla redazione di un documento molto rischioso: la proposta.

Essa si distingue dall'accordo per alcuni, fondamentali, particolari:

–   viene redatta e sottoscritta dal mediatore stesso e non dagli intervenuti;
–   deve essere esente da ipotesi di contrarietà a norme imperative o ordine pubblico

Il primo sembra, quasi, una mera formalità. In realtà, come si sa, la sottoscrizione di un documento ne attesta la paternità. Per non peccare di superficialità è bene ricordare che ciò significa che ogni tipo di responsabilità è in capo al mediatore e non alle parti in questo caso. Tanto più è di difficile comprensione la materia del contendere, quanto sarà maggiormente arduo individuare una soluzione coerente con gli interessi dei soggetti.

A ciò, in questa malaugurata ipotesi di proposta, si aggiunge una responsabilità di tipo civile e penale in caso di violazione di norme. Non poco, se consideriamo che molto spesso il mediatore non è un esperto di diritto ma potrebbe essere un laureato in qualsiasi materia scientifica o letteraria nonché un soggetto iscritto ad un albo professionale o collegio.

Le competenze, infatti, non prevedono specifiche competenze su leggi o normative. Resta ferma l'ipotesi, per chi lo voglia, di ampliare il proprio curriculum formativo con corsi *ad hoc*. Ciò però non rientra nell'ambito della trattazione in esame, perciò lascio ad altri l'onere e l'onore di trattare questo argomento.

Ecco che, quindi, i due punti succitati si fondono in un'unica, enorme responsabilità in capo al mediatore. chi scrive per altro dichiara di essere forte di una preparazione basata su di un approccio di tipo facilitativo alla mediazione, e non attributivo. Vedo, perciò, come un rischio inutile il lanciarsi in una proposta.

Tanto più che, come recita il testo normativo a ciò preposto, nel caso in cui la proposta effettuata non venga accettata da una delle parti, qualora la sentenza del giudice innanzi al quale viene presentata domanda di giudizio sia corrispondente al tenore della proposta stessa, saranno accollate la totalità delle spese in capo a chi ha deliberatamente rifiutato la soluzione

La sessione congiunta finale

conciliativa: ecco che la proposta si rivela essere un'arma a doppio taglio.

Può arrecare danno sia al mediatore che, incautamente, proponga soluzioni non conformi a quanto previsto, sia alle parti.

Analizzate entrambe le ipotesi, veniamo alla redazione del verbale. Tale attività sarà comunque posta in essere dal mediatore, il quale provvederà ad autografare il documento in esame e a consegnarne, qualora sia richiesto, copia alle parti coinvolte.

Una volta adempiute tutte le formalità di segreteria, vagliato che tutto sia stato effettuato in modo corretto, provvedete a salutare i convenuti nell'ordine:

1) partecipanti: prima il soggetto ricorrente e poi il convenuto;

2) legali (se presenti);

3) co-mediatori (se presenti);

4) tirocinanti;

5) personale della segreteria;

www.ingramcontent.com/pod-product-compliance
Lightning Source LLC
Chambersburg PA
CBHW060428090426
42734CB00011B/2496